확신반
개정증보판
사랑합니다
소강석 목사
쿰란출판사

머·리·말

할렐루야!

성경은 우리가 이 땅에서 무기력한 그리스도인이 아니라 강력한 영향력을 발휘하는 그리스도인이 되기를 요청하고 있습니다. 그래서 하나님은 그의 섭리 안에서 사람을 선택하시고 훈련하셔서 하나님의 역사를 이루어가셨습니다. 이것은 현대를 살아가는 지금도 마찬가지입니다.

우리도 사람에게 집중해야 합니다. 하나님의 방법처럼 사람을 세워 그로 하여금 세상에 그리스도의 향기를 발하며 하나님의 나라를 확장해야 합니다. 그런 의미에서 중요한 것은 단지 사람이 아니라 어떤 사람이냐가 중요합니다. 과연 그의 가치관과 신앙이 어떤 개념과 확신 속에 있느냐가 결국 하나님 나라의 확장과 밀접한 관계가 있습니다. 그러기 위해서는 성도들에게 확실한 성경적 개념과 가치관을 세워주는 것이 무엇보다 중요합니다. 그런 의미에서 확신반이 태어나게 되었습니다.

확신반은 매 과마다 하나의 주제를 확실히 아는 것을 목표로 했습니다. 확신반을 마치면 최소한 10가지 주제에 대해 분명히 깨닫게 됩니다. 확신반은 이미 새에덴교회에서 성도들의 기초 성경 공부 과정으로 다년간 시행해 왔습니나. 그리고 여러 작업과 수정을 통해 출판하게 되었습니다. 이 교재가 각 교회에도 많은 도움이 되었으면 하는 바람입니다.

새에덴교회 **소강석** 목사

자·기·소·개·서

확신반 _____ 기

이 름	직분 :	생년월일	19 년 월 일(음, 양)
전화번호		경 력	교회 다닌지 ___ (개월, 년) 본 교회 출석한 지 ___ (개월, 년)
주 소			
E-mail		가족 이름	배우자 : 자녀 :

성경 공부에 참여하게 된 동기

성경 공부에 대한 기대나 제안

기타 하고 싶은 말

새에덴교회 성경학교

성경 공부시 유의 사항

1. 성경 공부 확신반에 입교하신 것을 진심으로 환영합니다.
   확신반은 막연히 알았던 성경을 확신을 가지고 알 수 있도록 돕는 데 그 목적을 두고 있습니다.

2. 확신반은 성경 공부의 목적을 이루는 데 있습니다.
   성경 공부의 목적은 단지 지식 습득만이 아닙니다. 또한 개인의 성장에만 목적이 있는 것도 아닙니다. 성경 공부의 진정한 목적은 하나님이 나에게 주신 은사를 가지고 교회를 섬기며 다른 이들이 자랄 수 있도록 섬기는 것입니다.

3. 성경 공부의 단계적 목표를 아는 것이 필요합니다.
   성경 공부는 확신반, 성장반, 제자반, 생명나무반으로 진행됩니다. 이중 확신반은 신앙의 기본적인 지식 양육 과정입니다.

4. 지도자를 사랑하고 신뢰하십시오. 그리고 열심히 기도해야 유익한 시간이 될 수 있습니다.
   말씀 전하는 자와 관계가 좋지 못하면 그를 통하여 전해지는 하나님의 말씀에 은혜 받기 힘듭니다. 지도자를 사랑하고 신뢰하시기 바랍니다.

5. 지각하지 않도록 유념해 주십시오.

각 과에 대한 전체적인 개요는 서론에서 대부분 이루어집니다. 그런데 지각하면 서론 부분을 듣지 못하기 때문에 그날 배우는 과를 이해하는 데 어려움이 있습니다. 또한 전체적인 학습 분위기에 방해할 수 있으므로 지각을 자제해 주십시오.

6. 결석하지 않도록 각별히 유의하십시오.

한 번의 결석일지라도 그것으로 인해 다음 강의를 이해하는 데 어려움이 있습니다. 성경 공부의 맥을 절대 끊지 않도록 결석하지 마시기 바랍니다. 3번 이상 결석할 경우에는 확신반을 수료할 수 없습니다.

7. 확신반에 참여하는 동안 우리는 다음과 같은 것을 기대합니다.

확신반 성경 공부 과정에 충실히 임할 것을 기대합니다.

정해진 신앙 서적을 신앙의 유익을 위해서 읽을 것을 기대합니다.

정규적으로 성경을 읽고 암송하며 기도 시간을 가질 것을 기대합니다.

공예배에 빠지지 않으며 헌금할 것을 기대합니다.

8. 매주 점검하는 사항은 다음과 같습니다.

예습, 성경 암송, 신앙 서적 읽기, 예배 참석은 매주 점검합니다. 행함이 없는 믿음은 그 자체가 죽었다고 말합니다. 살아 있는 믿음을 위해 행동하는 신앙인이 되길 바랍니다.

9. 성경 공부하는 동안에는 성경 공부에 삶의 우선순위를 두어야 합니다.

성경 공부는 다른 일들을 다 한 후에 남은 시간에 하는 것이 아니라, 가장 중요하고 귀한 시간을 내야 합니다. 성경 공부를 하는 동안에는 모든 우선순위를 성경 공부에 두십시오.

10. 함께 공부하는 사람들을 사랑하고 마음을 열고 돕고 섬기십시오.

함께 배우고 함께 성장하고 함께 돕고 서로 사랑하고 즐거움도 괴로움도 함께하며 동역자로 성장해 가시기 바랍니다.

진·행·순·서

1. 먼저 기도로 시작합니다.

   하나, 교회 부흥과 목사님을 위해.

   둘, 프라미스 콤플렉스(Promise Complex)를 위해.

   셋, 성경 공부 모임을 위해.

2. 암송 체크

   각 과에서 배우는 성경 말씀을 가장 잘 확신할 수 있는 성경 구절이 앞 부분에 적혀 있습니다. 그날 배운 것을 다음 주까지 암송해야 합니다.

   - 2인 1조로 진행.

3. 예습 체크

   예습은 다음 과의 본문이 요구하는 성경 구절만 찾아오면 됩니다.

4. 성경 공부

5. 적용 및 나눔(배운 것에 대한 나눔)

   확신반, 성장반에 대한 정체성을 세워준다.

6. 기도 제목 나눔

- 2인 1조로 진행.

7. 출석 체크

- 총무가 체크

* 총무의 역할

- 출석 체크
- 간식 준비
- 성경 공부 자료 나눠주기
- 결석자 심방

차 · 례

[1]

구원

사·랑·합·니·다

"또 증거는 이것이니 하나님이 우리에게 영생을 주신 것과 이 생명이 그의 아들 안에 있는 그것이니라 아들이 있는 자에게는 생명이 있고 하나님의 아들이 없는 자에게는 생명이 없느니라"(요한일서 5장 11-12절)

묵상

1. 영생은 누가 줍니까?

2. 영생(생명)은 어디에 있습니까?

3. 영생(생명)은 누가 소유하고 있습니까?

4. 영생(생명)이 없는 사람은 누구입니까?

1. 하나님의 계획

(1) 하나님은 인류를 향해 어떤 계획과 목표를 가지고 계십니까?

요 3:16

2. 인간의 상태

(1) 예수님을 믿기 전에 모든 인간들의 형태는 어떻습니까?

엡 2:1-3

(2) 우리의 모습은 어떠했습니까?

마 15:17-20

잠 6:16-19

당신은 이러한 많은 실수에 대해 자유롭습니까? 전혀 무관하다고 고백할 수 있습니까?

(3) 당신의 상태는 어떠합니까?

롬 3:23

3. 인간들의 상태로 인한 결과

(1) 사람들이 지은 죄로 하나님과 인간의 관계는 어떻게 되었습니까?

사 59:1-2

(2) 우리가 지은 죄에 대한 죄 값은 무엇입니까?

롬 6:23

4. 인간의 운명을 위해 하나님이 하신 일

(1) 하나님과 인간의 관계를 회복시키는 방법은 무엇입니까?

요 14:6

(2) 하나님과 인간의 관계를 회복시키기 위해 하나님은 어떻게 하셨습니까?

롬 5:8

사 53:6

이미 하나님은 인간들에게 회복과 구원의 길을 열어 놓으셨습니다. 바로 예수 그리스도를 이 땅에 보내심으로 말입니다. 문제는 이 회복과 구원의 길을 어떻게 나의 것으로 삼느냐입니다.

5. 하나님이 보여주신 사랑을 얻는 방법(구원에 이르는 방법)

(1) 누가 영생을 소유할 수 있습니까?

요 6:47

요일 5:11-12

(2) 요한복음 6장 47절에서 말한 '믿는다'는 것은 무엇을 말합니까?

롬 10:9-10

6. 믿는다고 고백한 이후 우리의 상태

(1) 예수님을 믿는 자에게 주어지는 세 가지 약속은 무엇입니까?

요 5:24

1) 현재 상태

2) 미래의 약속

3) 과거의 변화

7. 과거의 죄악을 가지고 있는 인간들의 혼돈

(1) 사람들은 구원을 받았다는 기쁨을 과거의 행동 때문에 확신하지 못합니다. 구원받기 위해 인간의 노력(선행, 구제, 도덕, 종교 등)이 왜 헛됩니까?

엡 2:8-9

8. 확신

(1) 당신은 영생을 소유하고 있습니까? 그것을 어떻게 알 수 있습니까?

9. 과제

다음번 성경 공부 때까지 소감문을 적어 옵니다. 그 형식은 소감문 형식을 따르면 됩니다. (다른 곳에 적어서 제출합니다.)

소 감 문

제 _____ 기　　　　　　성명 : ________　　직분 : ________ (남 / 여)

* 다음 순서에 따라 소감문을 작성해 보십시오.

(1) 처음 구원에 대한 자신의 생각.

(2) 성경 공부를 통한 깨달음과 하나님의 지식.

(3) 구원 얻기 이전 나의 모습—불안, 두려움, 목적 상실, 방황 등.

(4) 영생을 얻었다는 것을 확신하게 된 배경, 성경 구절.

(5) 구원의 확신을 얻은 경위와 성경 구절, 그때 마음의 변화, 심정.

(6) 영생을 얻은 이후의 나의 결심과 다짐.

[2]

상급

사 · 랑 · 합 · 니 · 다

"믿음이 없이는 기쁘시게 못하나니 하나님께 나아가는 자는 반드시 그가 계신 것과 또한 그가 자기를 찾는 자들에게 상 주시는 이심을 믿어야 할지니라"(히브리서 11장 6절).

- 구원을 통해 얻은 기쁨을 적은 소감문을 제출합니다.
- 요한일서 5장 11-12절을 암송합니다.

묵상

1. 하나님이 기쁘게 여기는 것은 무엇입니까?

2. 하나님께 나아가는 자가 믿어야 할 것은 무엇입니까?

3. 누구에게 상을 주십니까?

예수님을 믿으면 천국 갑니다. 그렇다면 다음과 같은 사람의 고백에 대해서 어떻게 응답하겠습니까? "만약 예수 믿어서 천국 간다면 난 지금 실컷 놀다가 죽기 전에 예수 믿겠습니다. 그러니까 교회 나오라는 말은 하지 마세요."

1. 예수님이 살아 계시고 그로 인해 구원받는다는 사실 이외에 알아야 할 것은 무엇입니까?

히 11:6

2. 상급은 누가 줍니까?

계 22:12

요즘 성경에 보면 빨간색으로 쓰여진 곳이 있습니다. 무슨 의미일까요?

상급을 주님이 주신다는 말씀은 어떤 의미가 있습니까?

고전 9:24

3. 상급을 주는 기준은 무엇입니까?

마 16:26-27

시 18:20

4. 상급을 주시는 때는 언제이고 대상은 누구입니까?

계 22:12

각 사람이 행한 대로 상급을 주십니다. 그렇다면 상급을 주시는 기준은 나에게 어떤 의미가 있습니까?

5. 상급을 얻을 수 있는 행동들은 여러 가지가 있습니다.

(1) 하나님과 관계된 행동

마 5:11-12

계 22:12

룻 2:12

잠 13:13

(2) 교회와 관계된 행동

고전 3:8

전 4:9

골 3:23-24

마 10:41

(3) 사람과 관계된 행동

눅 6:35

6. 하나님께 영광을 돌리는 행위를 할 때 주의해야 할 점은 무엇입니까?

마 6:1

7. 하나님은 우리를 위한 보물(상급)을 어디에 쌓으라고 말씀하십니까?

마 6:19-21

8. 사도 바울은 상급을 쌓는 일에 대해 어떻게 말합니까?

고전 9:17-18

9. 하나님을 향한 행동, 교회를 위한 행동, 인간을 위한 의와 착한 행동에 대해 하나님은 어떻게 말씀합니까?

요이 8절

10. 상급의 영광을 알았던 선진들은 어떤 헌신과 결단 및 충성을 했습니까?

히 11:24-26

딤후 4:8

11. 제2과를 공부하면서 히브리서 11장 6절을 암송해 봅시다.

[이 과를 통해 확신하는 것은 무엇입니까?]

[3]

성경

사 · 랑 · 합 · 니 · 다

"모든 성경은 하나님의 감동으로 된 것으로 교훈과 책망과 바르게 함과 의로 교육하기에 유익하니" (디모데후서 3장 16절).

묵상

1. 모든 성경에 대해 어떻게 정의를 내리고 있습니까?

2. 성경은 무엇에 유익합니까?

* 디모데후서 3장 16절을 암송해 봅시다.

1. 하나님의 말씀에 대해 어떻게 말씀합니까?

(1) 구약

신 5:4

출 4:12

대상 29:29-30

(2) 신약

딤후 3:16

벧후 1:21

행 1:2

2. 성경 말씀은 어떤 특징이 있습니까?

마 24:35

눅 21:31-33

눅 16:17

3. 성경을 통해 우리가 발견하는 것은 무엇입니까?

롬 15:4

딤후 3:16

시 19:7-11

시 119:9

4. 하나님의 말씀에 대해 어떻게 표현하고 있습니까?

히 4:12

5. 말씀에 순종하지 않는 것에 하나님은 어떻게 평가하십니까?

민 14:11

6. 말씀에 순종하지 않는 자에 대해 하나님은 어떻게 말씀하십니까?

신 9:7-8

삼상 12:15

삼상 15:26

레 26:14-17

7. 하나님이 원하시는 것은 무엇입니까?

삼상 15:22

8. 성경을 구성하고 있는 것들에 어떤 것이 있는지 살펴봅시다. 성경 순서대로 봅시다.

(1) 구약(총 _____권)

모세 오경(5권)

역사서(12권)

시문서(5권)

대예언서(5권)

소예언서(12권)

(2) 신약(총 _____권)

복음서(4권)

역사서(1권)

바울 서신(13권)

일반 서신(8권)

예언서(1권)

[이 과를 통해 확신하는 것은 무엇입니까?]

[4]

예수 그리스도

사·랑·합·니·다

"인자가 온 것은 섬김을 받으려 함이 아니라 도리어 섬기려 하고 자기 목숨을 많은 사람의 대속물로 주려 함이니라"(마태복음 20장 28절).

묵상

1. 인자가 이 땅에 온 이유는 무엇입니까?

2. 그의 목숨은 누구를 위해 줍니까?

3. 그의 죽음은 사람들에게 어떤 의미가 있습니까?

* 마태복음 20장 28절을 암송해 봅시다.

■ 예수님의 존재의 측면

1. 예수님은 어떤 분입니까?

(1) 시작

요 1:1

골 1:17

(2) 이 땅에 오신 경로

마 1:20-21

마 1:18

요 1:14

(3) 끝(마지막)

계 22:13

■ 예수님의 성품

2. 예수님은 이 땅에 33년 동안 살아 계셨습니다. 그 기간 동안 예수님은 어떤 인간이셨습니까?

3. 성경은 예수님에 대해 어떻게 말하고 있습니까?

마 8:24

마 9:8

막 14:34-35

요 11:35

요 4:7

4. "공생애 기간 33년 동안 예수님은 인간이시다"라는 말은 맞습니까?

5. 예수님은 왜 인간이셔야만 합니까?

(1) 예수님은 인간이시지만 죄의 면에서 어떻게 말합니까?

히 4:15

(2) 그렇다면 왜 예수님께서는 이 땅에 인간으로 오셔야 했습니까?

갈 4:4

(3) 속량은 어떻게 하는 것입니까?

히 9:22

(4) 그렇다면 왜 피가 있어야 죄 사함을 받는 것입니까?

히 9:19-20

(5) 죄 사함을 위해 주님께서는 어떻게 하셨습니까?

히 9:28

(6) 주님의 피 흘리심은 어떤 영향력이 있습니까?

히 9:12

6. 그러면 "공생애 33년을 사셨던 예수님은 신입니다"라는 말은 맞습니까?

7. 성경에서는 예수님의 신적인 면을 어떻게 말하고 있습니까?

(1) 태초에서부터 태어나실 때까지: 예수님은 하나님과 동격

요 1:1-2

빌 2:6

(2) 태어나신 이후 죽으시기 전까지: 예수님은 하나님의 아들

1) 인간들의 고백

요 1:49

막 15:39

마 16:16

2) 귀신들의 고백(영적인 존재들의 고백)

마 8:28-29

막 1:24

3) 예수님의 고백

요 8:54

요 10:30

8. "예수님은 이 땅에 계시는 동안 신이셨다"라는 말은 맞습니까? 틀립니까?

9. 시기별로 예수님의 속성에 대해 다음 표를 작성해 봅시다.

기간	신	인간	형태
태초에서 탄생까지			
탄생 후에서 죽으심까지			
부활에서 영원까지			

10. 예수님이 이 땅에 오신 목적은 무엇입니까?

마 9:13

요 3:17-18

마 1:21

11. 예수님은 어떤 일을 하셨습니까?

마 2:15, 2:23, 4:14, 8:17

마 4:23

고전 15:3-4

요 19:30

12. 예수님이 이 땅에 오신 것은 누구의 뜻입니까?

요 8:42

갈 1:4

[이 과를 통해 확신하는 것은 무엇입니까?]

[5]

기도 응답

사 · 랑 · 합 · 니 · 다

"지금까지는 너희가 내 이름으로 아무것도 구하지 아니하였으나 구하라 그리하면 받으리니 너희 기쁨이 충만하리라"(요한복음 16장 24절).

묵상

1. 누구의 이름으로 구하라고 하십니까?

2. 구했을 때 어떤 결과가 있습니까?

3. 기도의 결과로 내가 얻는 것은 무엇입니까?

* 요한복음 16장 24절을 암송해 봅시다.

1. 하나님은 기도에 대해 뭐라고 말씀하십니까?

시 50:15

눅 11:9-10

삼상 12:23

2. 기도 응답을 받기 위해 필요한 것은 무엇입니까?

요일 5:14-15

요 15:7

약 4:3

시 66:18

마 21:22

3. 주님은 기도하는 자에게 어떤 말씀을 하십니까?

눅 18:1

마 6:7

마 6:5

시 126:5-6

4. 하나님은 기도하는 자를 어떻게 여기십니까?

시 91:15

시 145:18

5. 하나님은 기도에 어떻게 응답하겠다고 하십니까?

엡 3:20

렘 33:3

6. 야고보서 4장 3절에서 우리의 기도가 정욕을 위한 기도라는 것에 대해 어떻게 생각합니까?

고전 10:31

7. 하나님이 원하시는 기도는 어떤 기도입니까? 그리고 그 응답은 어떻게 옵니까?

마 6:33

8. 기도해야 할 때는 언제입니까?

빌 4:6-7

시 50:15

골 4:2; 살전 5:17; 엡 6:18

9. 기도 응답을 받은 후에 하나님이 원하시는 태도는 무엇입니까?

요 14:13

시 50:15

눅 17:17-18

10. 하나님은 우리의 기도에 어떻게 응답하십니까?

마 7:9-11

■ 기도에 다음과 같이 중요한 네 가지 영역이 있습니다.

1. 찬양(Adoration)

하나님을 찬양하는 것입니다. 하나님이 우리의 왕 되심과 힘이 되심을, 만유의 주가 되심을, 그리고 나에게 행하신 일들을 찬양하는 것입니다. 그의 사랑, 능력과 위엄, 그의 놀라운 선물인 예수 그리스도를 인하여 하나님을 찬양하십시오.

2. 자백(Confession)

내가 알게 모르게 지은 죄에 대해 하나님께 자복하고 시인하는 것입니다. 솔직하고 겸손하십시오. 하나님은 당신을 잘 알고 계시며 여전히 사랑하고 계심을 잊지 마십시오.

3. 감사(Thanksgiving)

하나님이 내게 주신 모든 것에 대해 감사하는 것입니다. 아름다운 것을 주셨기 때문에 그리고 현재는 인생의 그늘 속에 있지만 미래에 결국 선으로 이끌어 줄 것에 대해 감사하는 것입니다. 감사하는 삶을 통하여 우리는 하나님의 목표를 더 잘 알게 됩니다.

4. 간구(Supplication)

특별한 요청입니다. 현재의 시간 속에서 하나님의 영광을 위해 이루어지기를 바라는 마음입니다. 먼저 하나님의 영광을 위해 기도하고 그 다음에 나 자신을 위해 기도하십시오.

이 네 단어의 영어 첫 글자를 따면 ACTS(사도행전)가 됩니다.

이것을 기도의 길잡이로 사용하면 균형 있는 기도의 삶을 유지하는 데 도움이 됩니다.

나의 기도에 대해 살펴봅시다. 나는 어느 부분에 중점을 두며 기도하고 있습니까? 다음 그림의 4개의 영역에서 나는 어떻게 기도하고 있는지 기록해 봅시다.

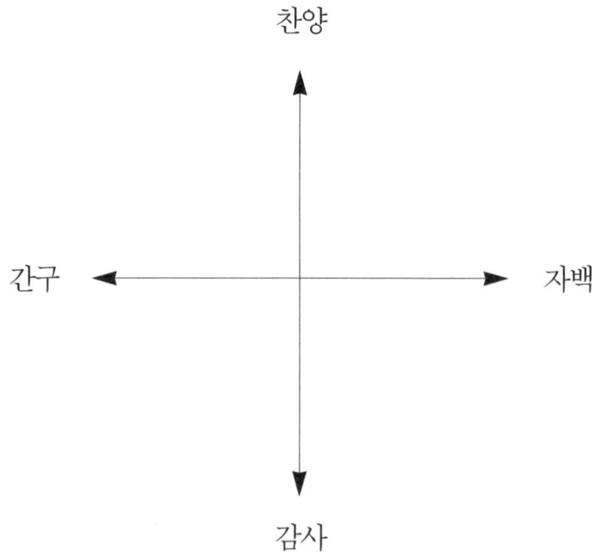

보완해야 할 부분과 강조해야 할 부분은 무엇입니까? 구체적으로 어떻게 하겠습니까?

[이 과를 통해 확신하는 것은 무엇입니까?]

[6]

승리

사 · 랑 · 합 · 니 · 다

"사람이 감당할 시험 밖에는 너희에게 당한 것이 없나니 오직 하나님은 미쁘사 너희가 감당치 못할 시험당함을 허락지 아니하시고 시험당할 즈음에 또한 피할 길을 내사 너희로 능히 감당하게 하시느니라"(고린도전서 10장 13절).

묵상

1. 우리가 감당할 영역 밖의 시험을 주십니까?

2. 하나님은 우리가 감당할 수 없는 시험당함에 대해 우리를 어떻게 돕습니까?

3. 하나님이 시험당할 즈음에 우리에게 주시는 것은 무엇입니까?

* 고린도전서 10장 13절을 암송해 봅시다.

1. 성경에서는 시험과 유혹을 어떻게 구분하고 있습니까?

(1) 시험: 창 22:1

(2) 유혹: 약 1:13

2. 유혹하는 주체는 누구입니까?

마 4:1

고전 7:5

3. 마귀가 유혹하는 목적은 무엇입니까?

살전 3:5

욥 1:11

눅 8:12

4. 사탄이 유혹하는 대상은 누구입니까?

마 4:1

눅 22:3

살전 2:18

5. 사탄이 우리를 유혹하기 위해 필요한 전제 조건은 무엇입니까?

고전 10:13

욥 1:11-12

6. 유혹으로부터 승리하기 위해서는 어떻게 해야 합니까?

약 4:1

마 4:3-4

7. 유혹으로부터 승리했을 때 하나님은 어떤 축복을 주십니까?

욥 42:5

욥 42:10

8. 유혹의 주된 근원은 무엇입니까?

약 1:13-14

9. 이 땅에서 우리가 받는 유혹의 영역은 어떤 것이 있습니까?

요일 2:15-16

* 시험과 유혹에 대해 다음과 같이 정리해 봅시다.

	주체	목적	승리 조건	전제 조건	승리 후 결과	예
시험(test)						
유혹(temptation)						

10. 하나님은 약한 우리를 위해 무엇을 하십니까?

시 121:5

요 10:28-29

11. 히브리서 4장 15절은 예수 그리스도를 어떤 분이라고 말하

고 있습니까?

12. 유혹이 왔을 때 우리의 태도는 어떠해야 합니까?

약 1:13

롬 12:12

욥 23:10

[이 과를 통해 확신하는 것은 무엇입니까?]

[7]

죄 용서

사 · 랑 · 합 · 니 · 다

"만일 우리가 우리 죄를 자백하면 저는 미쁘시고 의로우사 우리 죄를 사하시며 모든 불의에서 우리를 깨끗게 하실 것이요" (요한일서 1장 9절).

묵상

1. 우리가 자백해야 할 것은 누구의 죄입니까?

2. 자백한다는 것은 무슨 뜻입니까?

3. 우리의 죄를 용서해 주시는 하나님은 어떠한 분입니까?

4. 죄를 자백할 때 하나님이 우리에게 해주시는 것은 무엇입니까?

* 요한일서 1장 9절을 암송해 봅시다.

1. 당신에게 있어서 죄에 대한 고민은 언제의 죄 때문입니까?

2. 죄로 인해 고민한 적이 있습니까? 그렇다면 어떠한 죄로 고민합니까? 또한 반복적인 죄에 대해 어떤 생각을 갖고 있습니까?

3. 당신이 죄인이라면 언제부터 죄인이었다고 생각하십니까? 함께 나누어 봅시다.

4. 성경은 우리가 언제부터 죄인이라고 말합니까?
시 51:5

5. 죄가 생기는 곳은 어디입니까?

마 15:19

약 1:15

약 4:1

6. 그렇다면 죄의 시작은 외부적 조건입니까? 내부적 조건입니까? 각자 의견을 나누어 봅시다.

7. 성경에서 말하는 죄의 범위는 어디까지입니까?

마 15:18-20

8. 죄의 갈등 속에서 사도 바울은 어떤 고백을 합니까?

롬 7:22-25

9. 죄에 대해 우리가 인정해야 할 것은 무엇입니까?

롬 3:23

10. 죄를 지은 인간이 받아야 할 죄의 삯(결과)은 무엇입니까?

롬 6:23

사 59:1-2

창 3:16-19

11. 느헤미야는 어느 영역까지 죄를 자복하고 있습니까?

느 1:6

12. 죄를 자백함과 동시에 무엇이 따라야 합니까?

잠 28:13

느 9:2

13. 죄에 관해 하나님은 어떠하다고 묘사되어 있습니까?

미 7:18

시 86:5

14. 우리가 죄 사함 받을 수 있는 이유는 무엇입니까?

엡 1:7

15. 그렇다면 죄 용서는 외부적 조건에 의해 가능해진 것입니까? 아니면 내부적인 조건에 의해 가능해진 것입니까?

16. 그리스도인으로서 죄를 지을 수 있는 영역은 어떤 것입니까? 성경은 죄를 지을 수 있는 영역에 대해 어떻게 말합니까?

요일 2:15-16

17. 위의 대답에 있어 나의 삶 가운데 죄 용서의 개념이 어떻게 적용될 수 있습니까?

18. 하나님은 이미 신심으로 자백한 죄에 대해 어떻게 말씀하십니까?

사 43:25

19. 당신이 아직 자백하지 않은 죄가 있습니까? 그렇지 않으면 스스로 용납하지 못하는 실수가 있습니까?

20. 그것을 지금 자백하고 하나님의 용서에 감사하십시오. 하나님은 당신의 죄를 용서하셨고 그 죄를 기억지도 않으십니다.

[이 과를 통해 확신하는 것은 무엇입니까?]

[8]

용서

사 · 랑 · 합 · 니 · 다

"너희가 사람의 과실을 용서하면 너희 천부께서도 너희 과실을 용서하시려니와"(마태복음 6장 14절).

묵상

1. 하나님은 우리의 죄를 용서해 주십니까?

2. 그전에 선행되어야 할 것이 무엇입니까?

3. 용서는 누가 해야 합니까?

* 마태복음 6장 14절을 암송해 봅시다.

1. 용서해야 하는 이유는 무엇입니까?

마 6:12

막 11:25

마 18:24-35

눅 6:32, 35

눅 6:37

2. 언제까지 용서해야 합니까?

눅 17:3-4

마 18:22

3. 용서를 하되 어떻게 해야 합니까?

골 3:13

엡 4:32

4. 용서 후의 태도는 어떠해야 합니까?

고후 2:7-8

5. 용서하지 않는 사람은 어떻게 됩니까?

요일 2:9

잠 17:9

요일 3:10

요일 3:15

갈 5:15

마 18:33-35

마 5:22

6. 예수님과 성경 인물들의 용서의 사례를 살펴봅시다.

누 23:34

누 23:43

행 7:60

7. 당신이 용서하지 못할 대상과 상황은 어떤 것입니까? 서로 나누어 봅시다.

8. 우리가 예수님으로부터 받은 사랑을 생각해 봅시다. 우리는 그 사랑을 거저 받았기에 거저 주어야 할 의무를 가지고 있습니다. 용서하지 못한 사람을 이제 사랑합시다. 그리고 그 용서를 하기 위해 오늘 무엇을 하시겠습니까?

[이 과를 통해 확신하는 것은 무엇입니까?]

[9]

인도

사 · 랑 · 합 · 니 · 다

"주께서 사십 년 동안 너희를 인도하여 광야를 통행케 하셨거니와 너희 몸의 옷이 낡지 아니하였고 너희 발의 신이 해어지지 아니하였으며 너희로 떡도 먹지 못하며 포도주나 독주를 마시지 못하게 하셨음은 주는 너희 하나님 여호와이신 줄을 알게 하려 하심이니라" (신명기 29장 5-6절).

묵상

1. 이스라엘 백성이 광야에서 40년을 보낼 때 하나님은 어디에 계셨습니까?

2. 하나님이 동행하신 결과는 어떠합니까?

* 신명기 29장 5-6절을 암송해 봅시다.

1. 하나님은 우리가 어떻게 할 때 우리의 삶을 지도하신다고 말합니까?

잠 3:5-6

2. 하나님이 우리의 삶을 지도하신다면 고난과 아픔이 있어야 합니까?

3. 성경은 하나님이 우리를 지도하심에도 불구하고 고난이 있을 것에 대해 어떻게 말합니까?

벧전 1:6-7

4. 사도 바울은 하나님이 허락하신 고난에 대해 어떻게 말합니까?

고후 12:7-9

5. 우리에게 향하신 하나님의 모든 인도와 계획에는 어떠한 뜻이 있다고 말합니까?

롬 12:1-2

6. 하나님이 우리를 인도하시는 과정 속에서 허락하신 고난의 결과는 어떻습니까?

롬 8:28

고후 1:20

창 50:20

7. 고난과 아픔이 있을 때 우리는 어떻게 해야 한다고 말합니까?

시 118:8-9

8. 살면서 우리 자신의 이성과 지혜를 의지해서는 안 되는 이유는 무엇입니까?

고전 1:25

9. 그렇다면 고난과 아픔은 나에게 어떤 영향을 끼칩니까?

욥 23:10

10. 예수님은 고난의 십자가를 생각하며 어떤 기도를 하십니까?

막 14:36

11. 하나님은 그의 뜻을 분별할 수 있도록 어떤 방법을 주셨습니까?

시 119:105

삼상 3:8-9

행 24:16

빌 2:13

12. 어떠한 상황에서도 하나님이 나를 신실하게 인도하신다는 것을 믿는다면 어떤 고백을 해야 합니까?

욥 1:21-22

13. 하나님은 우리에게 어떤 위로의 말씀을 하십니까?

사 43:1-3

14. 잠언 3장 5-6절을 외워서 써봅시다.

15. 현재 당신의 삶에서 하나님의 인도하심을 기다리고 있는 것은 무엇입니까?

16. 그것에 대해 하나님을 의뢰하면서 무엇을 하고 있습니까?

[이 과를 통해 확신하는 것은 무엇입니까?]

[10]

큐티(QT)

사·랑·합·니·다

"이 율법책을 네 입에서 떠나지 말게 하며 주야로 그것을 묵상하여 그 가운데 기록한 대로 다 지켜 행하라 그리하면 네 길이 평탄하게 될 것이라 네가 형통하리라"(여호수아 1장 8절).

묵상

1. 하나님은 우리가 어떻게 하기를 원하십니까?

2. 모든 것을 지켜 행하면 우리에게 약속된 것은 무엇입니까?

* 여호수아 1장 8절을 암송해 봅시다.

1. 큐티(Quiet Time)

큐티는 의미상 경건한 시간이라는 뜻입니다. 좀더 신앙적인 관점에서 보면 조용한 시간에 말씀을 읽으며 그 말씀을 통해 내게 말씀하시는 하나님을 만나는 것을 의미합니다. 이때는 하나님과 나와의 일대일의 인격적인 만남이고, 하나님은 말씀을 통해 개인의 형편과 상황에 맞는 주님의 계획, 뜻, 비전을 알려주십니다.

2. 큐티의 필요성

수 1:8

시 1:1-3

3. 큐티에 대한 하나님의 명령

(1) 하나님은 말씀을 묵상하고 읽는 것에 대해 어떻게 말씀합니까?

신 6:6-9

(2) 하나님이 이스라엘 백성들을 징계하는 원인이 무엇이라고 합니까?

호 4:6

삼상 2:12, 17

4. 큐티의 유익

(1) 매일 하나님과의 교제를 통해 하나님은 나의 아버지이시고 나는 그분의 자녀라는 확신이 심화됩니다.

요 1:12

고후 13:5

(2) 하나님이 오늘 나의 삶을 어떻게 인도하기 원하시는지 알게 됩니다.

고전 10:5-11

(3) 하나님이 원하시는 그 길을 걸어갈 수 있는 지혜와 힘을 공급받게 됩니다.

시 119:105

에 4:16

5. 큐티하는 방법

(1) 먼저 기도하라(Pray for a moment).

마 13:18-23

누 24:44-45

(2) 말씀을 읽으라(Read His Word).

신 11:18-19

(3) 말씀을 묵상하라(Examine His Word)—적용.

① 하나님은 어떤 분이신가?(범위를 정해서)

출 15:26

② 그 하나님이 내게 무엇을 말씀하시는가?(정해진 범위 내에서)

신 8:1-3

③ 그 말씀 앞에 나는 무엇을 해야 하는가?(선택한 구절에서)

롬 12:3

* 적용 원칙 : personal, practical, possible

(4) 주신 말씀을 가지고 다시 기도하라(Say back to God).

요 15:7

(5) 받은 은혜를 다른 사람과 나누라(Share with others what you have found).

행 4:20

6. 큐티는……한다

(1) 일정한 시간에

시 143:8

(2) 매일

살전 5:17

(3) 일정한 장소에서

눅 22:39

[이 과를 통해 확신하는 것은 무엇입니까?]

확신반 성경 암송 구절

제1과 구원

또 증거는 이것이니 하나님이 우리에게 영생을 주신 것과 이 생명이 그의 아들 안에 있는 그것이니라 아들이 있는 자에게는 생명이 있고 하나님의 아들이 없는 자에게는 생명이 없느니라(요한일서 5장 11-12절).

제2과 상급

믿음이 없이는 기쁘시게 못하나니 하나님께 나아가는 자는 반드시 그가 계신 것과 또한 그가 자기를 찾는 자들에게 상 주시는 이심을 믿어야 할지니라(히브리서 11장 6절).

제3과 성경

모든 성경은 하나님의 감동으로 된 것으로 교훈과 책망과 바르게 함과 의로 교육하기에 유익하니(디모데후서 3장 16절).

제4과 예수 그리스도

인자가 온 것은 섬김을 받으려 함이 아니라 도리어 섬기려 하고 자기 목숨을 많은 사람의 대속물로 주려 함이니라(마태복음 20장 28절).

제5과 기도 응답

지금까지는 너희가 내 이름으로 아무것도 구하지 아니하였으나 구하라 그리하면 받으리니 너희 기쁨이 충만하리라(요한복음 16장 24절).

제6과 승리

사람이 감당할 시험밖에는 너희에게 당한 것이 없나니 오직 하나님은 미쁘사 너희가 감당치 못할 시험당함을 허락지 아니하시고 시험당할 즈음에 또한 피할 길을 내사 너희로 능히 감당하게 하시느니라(고린도전서 10장 13절).

제7과 죄 용서

만일 우리가 우리 죄를 자백하면 저는 미쁘시고 의로우사 우리 죄를 사하시며 모든 불의에서 우리를 깨끗게 하실 것이요(요한일서 1장 9절).

제8과 용서

너희가 사람의 과실을 용서하면 너희 천부께서도 너희 과실을 용서하시려니와(마태복음 6장 14절).

제9과 인도

주께서 사십 년 동안 너희를 인도하여 광야를 통행케 하셨거니와 너희 몸의 옷이 낡지 아니하였고 너희 발의 신이 해어지지 아니하였으며 너희로 떡도 먹지 못하며 포도주나 독주를 마시지 못하게 하셨음은 주는 너희 하나님 여호와이신 줄을 알게 하려 하심이니라(신명기 29장 5-6절).

제10과 큐티

이 율법책을 네 입에서 떠나지 말게 하며 주야로 그것을 묵상하여 그 가운데 기록한 대로 다 지켜 행하라 그리하면 네 길이 평탄하게 될 것이라 네가 형통하리라(여호수아 1장 8절).

확신반 점검

제 ______ 기 　　　　　　　　 성명 : ____________ 　 직분 : ____________

확신반을 무사히 마친 것을 진심으로 축하드립니다.

확신반은 그리스도인이 알아야 할 기본적인 영적 진리를 내 것으로 삼는 매우 중요한 과정입니다. 이미 배운 주요 내용을 늘 간직해서 신앙의 기초로 삼으시기 바랍니다. 확신반을 마치신 분들은 다음 과정인 성장반에 등록하여 더욱 귀한 진리를 배울 수 있습니다. 성숙한 주님의 제자가 되는 데 필요한 성장반 과정에 등록하여 더욱 성장할 수 있는 기회를 가지시기 바랍니다.

1. 본 과정을 수료하는 데 있어서 장소는 어떠했습니까?

①아주 좋았다 　 ②좋았다 　 ③보통이다

④나쁘다 　 ⑤아주 나쁘다

2. 위의 질문에 대해 그렇게 대답한 것은 무엇 때문이었습니까?

3. 공부 시간은 어떠했습니까?

①아주 좋았다 　 ②좋았다 　 ③보통이다

④나쁘다 　 ⑤아주 나쁘다

4. 성경 공부를 가르치는 강사의 교육 방법은 어떠했습니까?

① 아주 좋았다　　② 좋았다　　③ 보통이다
④ 나쁘다　　⑤ 아주 나쁘다

5. 더 나은 확신반을 위해 강사에게 하고 싶은 말이 있다면 말씀해 주십시오.

6. 성장반에 등록할 용의가 있습니까?
① 꼭 하겠습니다　　② 다음에 하겠습니다
③ 이것으로 만족하겠습니다

* 본 과정을 공부하는 가운데 가장 유익했던 점은?

* 본 과정을 이수하는 중에 가장 어려웠던 점은?

* 앞으로 더 나은 발전을 위해 교회에 하실 말씀이 있다면?

확신반 교재 3 -개정증보-

사랑합니다

2005년 9월 30일 1판 1쇄 발행
2009년 11월 20일 2판 1쇄 발행

지은이 / 소강석
발행인 / 이형규
발행처 / 쿰란출판사

서울 종로구 이화동 184-3
TEL / 02-745-1007, 745-1301, 747-1212, 743-1300
영업부 / 02-747-1004, FAX / 02-745-8490
본사평생전화번호 / 0502-756-1004, 0505-745-1007
홈페이지 / http://www.qumran.co.kr
E-mail / qumran@hitel.net
qumran@paran.com
한글인터넷주소 / 쿰란, 쿰란출판사

등록 / 제1-670호(1988.2.27)

책임교열 / 김향숙

값 4,000 원

ISBN 978-89-5922-831-7 (세트)
978-89-5922-837-9 94230